UNE

EXPÉDITION DE BOUGAINVILLE

EN 1766

JOURNAL DU CHEVALIER WALSH

OFFICIER DE MARINE

(Archives de Serrant.)

PARIS

CARNET HISTORIQUE ET LITTÉRAIRE

59, Avenue de Breteuil, 59.

1901

UNE EXPÉDITION DE BOUGAINVILLE

En 1766

UNE

EXPÉDITION DE BOUGAINVILLE

EN 1766

JOURNAL DU CHEVALIER WALSH

OFFICIER DE MARINE

(Archives de Serrant.)

PARIS

CARNET HISTORIQUE ET LITTÉRAIRE

59, Avenue de Breteuil, 59.

1901

Une Expédition de Bougainville

En 1766 [1].

JOURNAL DU CHEVALIER WALSH

Officier de marine.

(Archives de Serrant.)

I

Le 11 novembre 1766, nous mîmes à la voile de la rade de Maudin, située à l'embouchure de la rivière de Nantes, pour nous rendre à Montevideo, y joindre deux frégates espagnoles qui nous y attendoient pour se rendre avec nous aux îles, dont nous les mîmes en possession.

Le 31 janvier 1767, nous jetâmes l'ancre dans la rade de Montevideo, ville espagnole, après cinquante-cinq jours d'heureuse traversée, où nous trouvâmes les deux frégates *la Esmeralda* et *la Liebre*.

La ville de Montevideo est bâtie sur une pointe basse au bord de la rivière d'Argent : elle est assez peuplée. Les rues y sont très bien percées et d'une belle longueur; les maisons sont basses, vu les coups de vent qui y règnent, mais très bien bâties. A l'égard des églises, on y voit quinze cathédrales passables et

---

(1) C'est le commencement du grand voyage de Bougainville autour du monde. Bougainville, ancien aide de camp de Chevert, colonel sous Montcalm, au Canada, se tourna vers la marine en 1763 et reçut commission, avec les armateurs de Saint-Malo, de fonder un établissement aux îles appelées Malouines. ~~Pendant les trois années de son voyage~~, Bougainville explora les îles Pomotou ou Archipel Dangereux, Taïti, les Grandes-Cyclades (Nouvelles-Hébrides), la Nouvelle-Irlande et la Nouvelle-Guinée. — Voir ses *Voyages* racontés par lui-même (1772).

un couvent de religieux de Saint-François. Les fortifications de la ville sont assez considérables; elle est murée seulement du côté de terre, et défendue par une bonne citadelle et plusieurs bastions du côté de la mer. Le pays est sain, bien tempéré; on voit à une lieue de la ville une rivière bordée de plusieurs maisons de campagne très agréables, dont les jardins sont ornés des fruits les plus délicieux d'Europe et d'Amérique.

En s'écartant dans la campagne, on découvre des plaines immenses couvertes d'une multitude de bestiaux, dont l'abondance est si grande qu'un simple particulier est ordinairement possesseur de cinq à six mille bœufs et autant de chevaux; aussi y sont-ils à bon marché, puisqu'un cheval n'y coûte qu'une piastre, ainsi qu'un bœuf qui pèse ordinairement de 12 à 1,300 livres. On y voit une quantité de lions, de tigres et d'autruches.

Le 28 février de la même année, nous mîmes à la voile, accompagnés des deux frégates espagnoles, pour nous rendre aux îles Malouines, que nous aperçûmes par un beau temps le 23 mars, et nous jetâmes l'ancre le 24, après une heureuse navigation. Ces îles ont été nommées ainsi par les nationaux qui en firent la découverte et ont été habitées depuis, pour la première fois, par les Français, qui y fondèrent un établissement considérable défendu par un petit fort de douze pièces de canon; mais les Espagnols se sont opposés à l'accroissement qu'on se proposoit d'y faire. Ces îles sont situées par la latitude de 12 degrés et distantes de la côte des Patagons d'environ 70 lieues. Elles ne sont point boisées, ce qui est fort incommode, vu l'hiver continu qui y règne. On y brûle quelques mottes de terre. Le pays est couvert de plusieurs espèces d'oiseaux aquatiques, entre autres de l'outarde, qui y est si abondante que ce gibier a fait la nourriture de notre équipage pendant tout le temps que nous y avons demeuré.

Ce qu'il y a de plus remarquable, c'est la grande quantité de lions marins qui abordent la côte de ces îles : la longueur ordinaire de ces monstres est de 19 à 22 pieds, et supérieurs au plus gros bœuf en grosseur. Ils sont couverts d'un poil assez rude, semblable à celui du loup marin, et ont une longue crinière comme les lions terrestres. Leur large gueule est ornée de dents effroyables, puisqu'ils broyoient avec une facilité étonnante les

pierres qu'on leur jetoit pour les agacer. Ce qui en rend la des-
truction facile, c'est le peu d'agilité qu'ont ces animaux et la
graisse dont ils sont surchargés. On les détruit facilement à
coups de massue lorsqu'ils viennent paître.

Les frégates espagnoles mirent sous voiles pour retourner à
Montevideo. M. de Bougainville, présumant que la flûte du Roi,
l'Etoile, que nous attendions de jour en jour, auroit pu avoir
touché à Montevideo, chargea le commandant espagnol d'une
lettre pour remettre au capitaine La Gerandais, par laquelle il
lui ordonnoit de se rendre incessamment à Rio-de-Janeiro. Nous
déployâmes nos voiles le 2 de juin et cinglâmes pour l'Europe.

Nous avons eu la visite du gouverneur ou vice-roi et de toute
sa suite. A son départ, nous l'avons salué de dix-neuf coups de
canon, que la citadelle nous a rendus. On y avoit construit un
vaisseau de soixante-quatre pièces de canon, qui se disposoit à
faire voile pour l'Europe pour y porter le revenu de toute cette
riche côte du Brésil.

Le vaisseau mérite, sans contredit, l'attention du voyageur :
on ne pouvoit se lasser d'admirer la beauté de ses ornements et la
rareté des différents bois qui le composoient.

Le vice-roi, agité par quelques soupçons de guerre entre l'Espagne et le Portugal, avoit fait arrêter un vaisseau de guerre
espagnol et expédioit, pour la même raison, une frégate de qua-
rante canons armée en guerre, pour favoriser la navigation des
navires marchands qui se disposoient à partir pour la colonie du
Saint-Sacrement, située sur le bord de la rivière de la Platá, sous
le cap de Sainte-Marie.

Les difficultés que le vice-roi apporta à une assez longue
relâche que nous nous proposions de faire là nous firent croire
qu'il avoit les mêmes soupçons à notre égard qu'à l'égard des
Espagnols; et ce qui nous le rendit visible, ce fut l'ordre que
l'on reçut d'aller mouiller sous la citadelle de l'île aux Chèvres.

L'extrême méfiance du vice-roi s'accroissoit de jour en jour; il
nous en laissa voir tout l'excès en refusant d'abord la permis-
sion qu'il avoit accordée d'habiter une très belle maison de campagne que M. de Bougainville avoit louée pour lui.

Il y eut à ce sujet un démêlé assez piquant, dont le vice-roi
tira vengeance en empêchant la livraison d'un petit bâtiment,
que M. de Bougainville avoit acheté d'un particulier, qui étoit

destiné à nous porter des vivres, vu la longueur du voyage que nous allions entreprendre.

Nous rendîmes enfin le calme à l'esprit soupçonneux du vice-roi en mettant à la voile par un temps passable, le 13 juillet 1767, et nous fîmes route pour la rivière de la Plata, afin d'y attendre la saison convenable pour passer le détroit de Magellan.

Les vents peu favorables que nous essuyâmes dans cette traversée la rendit assez longue, pour le peu de trajet que nous avions à faire. Cependant, le 1er d'août, nous arrivâmes pour la seconde fois dans la rade de Montevideo.

Peu de temps après, M. de Bougainville partit pour Buenos-Ayres afin de pourvoir aux munitions nécessaires à ses deux vaisseaux, n'ayant pu en trouver une suffisante quantité à Montevideo. Il fut de retour pour la fête de notre bon Roi, qui fut célébrée avec le plus de magnificence possible. On donna un dîner à toutes les dames et aux officiers de la garnison, auquel l'on fit succéder un bal.

Le 18 de septembre, les vents furent si furieux qu'un bâtiment espagnol fut poussé, malgré ses amarres, sur *l'Etoile*, à laquelle il rompit le mât de beaupré, ce qui l'obligea de partir pour l'Ancinada, à 35 lieues de Montevideo, où les vaisseaux ont coutume d'aller caréner. M. de Bougainville s'y embarqua pour faire exécuter avec plus de promptitude les travaux qu'exigeoit cette avarie, parce que la saison d'entrer dans le détroit de Magellan s'approchoit.

Sur ces entrefaites, il arriva un vaisseau espagnol, chargé des ordres du Roi qui prescrivoient de faire arrêter tous les religieux de la Compagnie de Jésus et de se saisir de tous leurs biens immenses, et dont le roi d'Espagne va devenir possesseur.

L'Etoile, ayant été réparée de l'avarie que lui avoit faite le bâtiment espagnol, partit de l'Ancinada et vint nous rejoindre à Montevideo, et peu de jours après son arrivée, nous mîmes sous voiles, non sans regretter un pays où tout étoit si abondant et où nous étions si bien accueillis.

Nous fûmes assez contrariés des vents pendant vingt-cinq jours ; la rigueur du froid qui s'augmentoit tous les jours nous faisoit sentir l'approche du cap des Vierges et des terres de feu qui ferment l'entrée du détroit de Magellan. Aussi l'aperçûmes-nous le 3 décembre, par un temps qui sembloit nous promettre d'y entrer heureusement; mais, frivole espérance! les vents furieux qui nous assaillirent le même soir nous firent trop bien connoître qu'il faut, tôt ou tard, payer le tribut de cette entrée, que nous perdîmes de vue en très peu de temps, ne pouvant lutter contre un ennemi aussi courroucé.

Cependant, au bout de deux jours, la fureur des vents ayant fait place à un temps plus favorable, nous regagnâmes un peu le chemin que nous avions perdu; à la pointe du jour, nous nous vîmes entre la Terre de Feu et le cap des Vierges; le reste du jour, nous manœuvrâmes contre les vents qui, soufflant avec véhémence, nous obligèrent de mettre en cap et nous firent passer une nuit qui sembloit ne vouloir plus finir.

Au lever du soleil, nous fîmes voile pour entrer dans le premier goulet; mais la nuit nous ayant surpris et ayant à refouler une marée rapide, nous entrâmes dans la baie de Possession, à une lieue et demie de ce goulet.

Le lendemain matin, sur les huit heures, nous levâmes l'ancre à dessein de le passer, ce que nous fîmes en peu de temps, vu la rapidité de la marée qui nous étoit pour lors favorable. En y entrant, nous aperçûmes à la porte des Patagons un pavillon blanc, ce qui ayant attiré notre attention fit remarquer qu'il étoit environné de sauvages, que nous jugeâmes être ceux à qui notre campagne de *l'Etoile* avoit laissé un pareil pavillon l'année précédente, pour prendre une cargaison de bois pour les îles Malouines.

Sur les trois heures après midi, nous laissâmes tomber l'ancre à 2 lieues du cap Grégoire; sur-le-champ, nous mîmes nos canots dehors. *L'Etoile* fit de même : M. de Bougainville et nous autres s'y embarquèrent. En abordant au rivage, nous vîmes une grande quantité de Patagons, dont plusieurs étoient à cheval, qui accouroient vers nous en criant : « Chaoux ! » ce qui signifie vraisemblablement « Amis », car ils ne cessent de nous témoigner mille amitiés et de nous accabler de caresses en nous serrant entre leurs bras et en nous frappant doucement du plat de la main sur l'estomac.

M. de Bougainville leur fit distribuer des couteaux, des miroirs et autres bagatelles qu'ils reçurent avec une joie inexprimable. Ils nous firent aussi présent de quelques *guanacos* (moutons), dont ils font leur nourriture ordinaire. Il nous est aisé de vérifier la taille de ces prétendus géants, à qui plusieurs historiens ont donné 8, 9 et 10 pieds de hauteur ; mais nous osons assurer que les plus hautes tailles sont de 6 pieds et les ordinaires de 5 pieds 6 à 8 pouces. Ce que nous avons remarqué en eux de plus extraordinaire, c'est l'énorme grosseur de leur tête et de leurs membres, ainsi que leur large carrure ; aussi sont-ils d'une force supérieure. Ils sont basanés, de longs cheveux noirs leur pendent sur leurs épaules qui sont couvertes d'une espèce de manteau fait de peau de guanacos. Leurs seules armes sont les boules, qui sont tant en usage dans le Chili, dont ils se servent à faire la chasse aux guanacos, et à lancer aux chevaux qu'ils vont enlever dans les plaines voisines de Buenos-Ayres.

Les vents contraires nous retinrent à ce rivage pendant deux jours, au bout desquels nous appareillâmes d'un vent favorable, faisant route pour le second goulet, que nous passâmes heureusement. La nuit nous ayant surpris, nous mouillâmes à un quart de lieue de l'île Sainte-Elisabeth. Cette île peut avoir 4 lieues de longueur. Elle étoit pour lors revêtue de la plus belle verdure du monde et émaillée de fleurs. Nous y remarquâmes aussi quantité d'outardes, mais fort farouches. Le lendemain, nous appareillâmes, poussés d'un vent frais et favorable qui nous fit passer l'étroit et dangereux passage que forme cette île avec celles des Lions et de Saint-Barthélemy ; mais n'ayant pu trouver de mouillage avant la nuit, nous fûmes contraints de la passer sous voiles, entre des terres environnées d'une infinité d'écueils, ce qui, joint à un froid rigoureux, à un vent violent, à une grêle continuelle, peut aisément faire juger de toutes les horreurs de notre situation.

A cette affreuse nuit succéda un assez beau jour, quoiqu'il nous amenât des vents absolument contraires qui nous obligèrent à jeter l'ancre sur les huit heures, dans une espèce de hâvre où l'ancrage est assez bon.

Ici, nous ne pouvions nous lasser d'admirer la variété de la nature qui, d'un côté, n'offrait à nos yeux que des montagnes escarpées couvertes de neiges et de glaces, et de l'autre, des plaines tapissées de verdure et couvertes d'arbres touffus, parmi lesquels serpentoit une assez belle rivière d'une eau pure.

Le troisième jour, nous mîmes à la voile pour doubler et redoubler le cap Farouard. Un vent favorable nous fit voguer avec tant de rapidité que, bientôt, nous l'aperçûmes aux furieux aquilons qui grondoient sur sa tête et aux affreux orages qui se formoient autour de lui.

Déjà nous le dépassions : une secrète joie se faisoit remarquer sur le visage de chacun, lorsque tout à coup les orages se forment, des vents furieux et contraires se déchaînent, la mer se soulève et nous oblige, malgré nous, de chercher un asile afin d'y passer la nuit.

La baie française, qui en est distante de 2 lieues et demie, s'offrit à nos regards ; nous y jetâmes l'ancre à huit heures du soir, ce qui nous mit à l'abri d'une tempête horrible qui dura toute la nuit.

Dès que le jour commença à paroître, les vents se calmèrent, mais restant toujours contraires, ce qui fit prendre le parti à M. de Bougainville d'aller mouiller dans une petite baie qui porte son nom et qui en est distante d'environ une lieue, afin de faire l'eau et le bois nécessaires pour entreprendre la longue traversée de la mer Pacifique.

Nous restâmes treize jours à ce sombre mouillage, ce que fit pareillement *l'Etoile*, et ayant tout disposé pour notre départ, nous mîmes sous voiles par un vent aussi constant que favorable, qui nous fit doubler avec vitesse l'affreux cap Farouard et nous conduisit jusqu'au port Gattant, où nous jetâmes l'ancre à dix heures du soir.

Une épaisse neige, accompagnée d'une horrible grêle que faisoient pleuvoir sur nous des vents furieux et contraires, nous retenoient dans ce port depuis cinq jours, quand nous vîmes venir à nous cinq à six pirogues pleines de sauvages, tant hommes que femmes et enfants, qui, abordant la frégate avec la plus grande confiance, montèrent à bord presque tous, à l'exception de leurs femmes dont ces sauvages sont fort jaloux. Ils nous témoignèrent, par leurs gestes, beaucoup de joie et nous firent entendre qu'il n'y avoit pas longtemps que d'autres navires avoient touché à ce port. Ce dont nous fûmes convaincus par des arbres fraîchement coupés et aux noms anglais inscrits sur les écorces.

Ces sauvages n'ont point d'habitations fixes : ils errent çà et là et nous ont paru — autant que nous en pouvons juger — se fixer aux endroits où abonde le coquillage, qui fait leur nourriture ordinaire. Leur manière de camper est assez extraordinaire : ils cassent des branches d'arbres qu'ils plantent en terre assez près les unes des autres, dont ils forment un rond de 7 à 8 pieds de diamètre, y pratiquant une petite ouverture qui sert d'entrée ; puis, liant les branches par leurs extrémités, ils les réunissent les unes aux autres. Voilà le seul asile où toute une famille de ces misérables, assemblés autour d'un très petit feu, se met à l'abri des plus horribles frimas.

Ces sauvages sont d'une petite taille, leur voix ressemble à celle des femmes ; leurs cheveux sont noirs et coupés en rond. Ils sont basanés ; une peau de loup marin leur couvre les épaules ; ils ont pour armes l'arc et le carquois, dont le bout des flèches est orné de pierre à fusil taillée en forme de dard. Leurs femmes, malgré la couleur de leur teint, sont passables ; elles se peignent le visage, ainsi que les hommes, de plusieurs couleurs. Elles se parent de colliers et de bracelets faits d'un petit coquillage couleur d'azur ; ce sont elles qui font les travaux les plus pénibles. Elles vont continuellement à la pêche au coquillage, qu'elles ne retirent du fond de l'eau qu'en plongeant, malgré toutes les rigueurs du froid exceptionnel qu'il fait dans ce climat.

L'avidité de ces sauvages est inconcevable ; à leur arrivée à bord, ils se jetèrent sur la viande crue qui s'offrit à leurs yeux et en mangèrent tant qu'ils purent. Ils n'épargnèrent pas moins la mauvaise graisse et la chandelle qui leur tomba sous la main, et burent de l'huile dont on ne se sert que pour les lampes avec autant de délectation que si c'eût été un délicieux nectar (1). M. de Bougainville leur distribua également des limes, couteaux, miroirs, etc., présents funestes, car un de leurs enfants, âgé d'environ dix ans, croyant sucer des clocoses, avala plusieurs morceaux de miroir brisé, ce qui, en peu de temps, lui fit rendre quantité de sang par la bouche et jeta ces pauvres gens dans une grande consternation.

Notre chirurgien-major fut appelé au secours de ce petit malheureux à qui il voulut faire prendre du lait ; mais tous ces sauvages s'y opposèrent et ne consentirent qu'après un long conseil tenu entre eux et que le père de l'enfant se fût résolu à y goûter.

---

(1) Il n'y a pas que les sauvages pour aimer l'huile de quinquet, devra-t-on noter, les Arabes en sont très friands.

Ce goût lui plut si fort qu'il jugea qu'on en pouvoit laisser prendre au malade. Notre aumônier administra le baptême à cet infortuné après le rapport du chirurgien, qui jugea que les intestins étoient attaqués. Nous laissâmes ce nouveau chrétien entre les bras des siens, qui s'efforçoient de lui porter guérison pour lui faire rendre le verre qu'il avoit avalé, d'autres lui suçoient la bouche dont il sortoit une abondance de sang, et d'autres lui crioient à pleine tête dans les oreilles, comme pour appeler son âme fugitive. A quelques pas de la cabane, on en voyoit deux autres qui, le visage et le corps peints d'une horrible manière, et la tête entourée de plumes, étendant les bras et levant les yeux au ciel en formant une espèce de prière cadencée, sembloient vouloir implorer le secours de quelque divinité.

A peine la nuit étoit-elle au milieu de sa course que nous entendîmes des hurlements effroyables poussés à terre par les sauvages, dont nous attribuâmes la cause à la mort de l'enfant.

Les vents contraires nous retenoient depuis quinze jours au port Gattant, quand enfin ils nous permirent d'appareiller ; mais à peine avions-nous fait 4 ou 5 lieues, qu'ils nous refusèrent tout à coup et nous obligèrent à louvoyer, mais peu après un faible vent soufflant de terre nous poussa au large et aussitôt nous cinglâmes pour le charmant port Gattant. Après y avoir passé encore huit jours, nous mîmes sous voiles à trois heures du matin par un vent léger et favorable qui nous mit à midi par le travers du cap Couard où commence la désolation du sol.

II

Les vents favorables nous firent entrer dans la mer du Sud le 26 janvier, mais bientôt nous eûmes à lutter contre une mer effroyable, bien différente de celle du détroit de Magellan, et d'une telle violence qu'elle nous fit perdre un homme que les vagues furieuses enlevèrent de dessus le bord. Mais, toujours favorisés d'un vent frais qui nous poussait avec rapidité, nous eûmes bientôt quitté ces mers et nous entrâmes dans la mer Pacifique.

Rarement voit-on régner dans ce doux climat les aquilons furieux ; un vent frais et léger se fait ordinairement sentir et on voit s'étendre, sous un ciel pur et serein, la vaste mer dont la superficie, mollement agitée, vous promet la plus douce navigation.

Deux mois s'étoient à peine passés depuis notre arrivée en cette douce mer et, dirigeant notre route entre l'Occident et le Septentrion, nous aperçûmes, à 6 ou 7 lieues de distance, quatre petites îles fort près les unes des autres; puis, nous en vîmes une cinquième dans l'Occident, sur laquelle nous dirigeâmes notre route, et bientôt nous pûmes distinguer qu'elle étoit couverte de cocotiers et tapissée d'une très belle verdure. Quelque temps après, nous découvrîmes sur le rivage des hommes qui faisoient signe de mettre à terre; d'autres, mollement assis sur le gazon, paroissoient nous contempler avec admiration. Nous la côtoyâmes pendant quelque temps et la sondâmes afin de trouver un mouillage, mais ce fut inutilement; nous ne trouvâmes point de fond, et les lames qui brisoient à terre, avec une force épouvantable, nous empêchèrent même d'y envoyer nos bateaux. Nous continuâmes notre route, toujours vers le couchant, et nous abandonnâmes cette petite île qui nous parut devoir faire un séjour délicieux.

Le lendemain, le soleil n'avoit pas encore paru à l'horizon que nous aperçûmes une autre île, mais si basse qu'elle paroissoit comme engloutie. Nous nous en approchâmes et nous découvrîmes dans le milieu un grand lac sur lequel naviguoient plusieurs pirogues, et nous vîmes plusieurs hommes accourir sur le rivage. Cette île étoit parsemée de petits bosquets plantés de cocotiers. Nous la côtoyâmes comme la précédente pour chercher un ancrage, mais ce fut sans plus de succès; aussi nous l'abandonnâmes et continuâmes notre route en tirant sur le Septentrion. A peine avions-nous fait 15 lieues que nous aperçûmes devant nous plusieurs îles très basses, mais les écueils qui les environnoient nous empêchèrent de nous en approcher. Peu à peu, le temps s'étant éclairci, nous eûmes connoissance d'une autre terre très haute et fort étendue, ce qui nous fit pousser des cris de joie, car nous espérions y trouver quelque mouillage pour nous procurer quelque rafraîchissement et surtout de l'eau, qui commençoit à nous manquer. Nous n'avions pour lors que trois malades attaqués du scorbut.

Nous la côtoyâmes pendant deux jours et demi, et un vent frais nous permit d'en approcher d'assez près, lorsque nous vîmes venir à nous une multitude de pirogues conduites par des hommes dont la blancheur étoit peu différente des nôtres. Aussitôt qu'ils furent à portée de la voix, ils nous présentèrent plusieurs rameaux, comme symbole de paix, et criant : *Tayo, tayo*. Nous avons su depuis qu'ils nous demandoient si nous étions amis. Une de ces pirogues s'avança le long du vaisseau d'où on jeta une corde, et ils y attachèrent un cochon de lait et quelques bananes, ce qui fut tiré à bord avec une joie inexprimable, car nous faisions mauvaise chère depuis quelque temps.

Les autres pirogues imitèrent la première et nous entourèrent; elles étoient toutes chargées de différents fruits : noix de coco, bananes, fruits à pain et plusieurs autres espèces qui nous étoient inconnues. M. de Bougainville leur fit donner en échange des couteaux, des outils et quelques bagatelles. Cependant, la nuit déployant ses voiles sombres sans que nous puissions trouver d'ancrage, nous obligea de gagner le large pour éviter les accidents qui auroient pu naître. Ainsi, ces pirogues s'en retournèrent; peu après leur arrivée dans l'île, nous vîmes s'avancer le long de la côte quantité de feux qui, n'étant pas éloignés de plus de vingt pas les uns des autres, offroient à nos yeux une perspective des plus charmantes (1).

A peine une faible clarté avoit percé les ténèbres que nous virâmes de bord et cinglâmes vers la terre, espérant que nos recherches seroient moins infructueuses que le jour précédent. Nous étant approchés de la côte, nous aperçûmes la plage sablonneuse au pied d'une haute montagne, du sommet de laquelle se précipitoit une superbe cascade d'une eau pure et transparente. Nous dépêchâmes promptement nos canots, qui bientôt nous signalèrent un mauvais fond, et, après l'avoir sondé plusieurs fois, nous remîmes encore notre entreprise au lendemain, qui fut enfin l'heureux jour qui nous fit trouver ce que nous cherchions avec empressement depuis près de trois jours, car nous ne jetâmes l'ancre que trois heures après midi, où deux bancs de corail, s'opposant à l'impétuosité des flots, forment entre eux et la terre un abri dans lequel nous ancrâmes ainsi que *l'Etoile*.

____

(1) C'est l'île de Taïti dont il est ici question. Pour les détails sur les insulaires, voir le *Voyage autour du Monde*, par Bougainville.

Enfin, nous descendîmes sur le charmant rivage bordé d'une foule innombrable de ces insulaires qui nous reçurent avec des cris de joie réitérés; les femmes se jetoient dans nos bras et nous embrassoient, et répétoient sans cesse, d'un ton de voix les plus agréables, le mot de *Tayo!*

Nous marchâmes quelque temps dans une très belle allée de cocotiers où sont placées les maisons de ces heureux habitants, où l'art, joint à la propreté, offre les plus agréables commodités. Toutes celles où nous entrâmes nous parurent être autant de temples dédiés à la volupté. On y remarquoit un de ces heureux mortels couché entre les bras de cinq à six femmes d'une beauté parfaite qui, toutes à l'envi, l'accabloient des plus douces caresses. Nous nous promenions ainsi d'une maison à l'autre par ces routes semées de fleurs et de verdure, sur le bord d'un large et profond ruisseau formé par une eau argentine qui descendoit de la montagne avec un doux murmure. Plusieurs jeunes filles, couchées mollement sur le frais gazon, belles et pleines d'agréments, s'occupoient à entremêler dans leurs beaux cheveux noirs les fleurs les plus belles, et d'autres folâtroient gracieuses dans les ondes du ruisseau. Aussitôt qu'elles nous eurent aperçus, elles nous firent signe de nous déshabiller et de nous jeter à la nage avec elles, nous montrant un ombrage charmant qu'elles nous faisoient entendre être propre à célébrer les secrets mystères de Vénus. Puis, quelques insulaires, attroupés autour de nous, nous montrèrent une maison qui sembloit dominer sur les autres. C'étoit celle du chef; ce vaste bâtiment étoit artistement construit de gros bambous et environné de jardins. Un coup de vent et un mauvais fond, sur lequel nous avions déjà perdu trois ancres, nous obligèrent à abandonner ce charmant séjour le septième jour de notre arrivée. Nous nous y étions pourvus d'une quantité de poules, de cochons et de toutes sortes de fruits.

Ayant quitté cette île, nous fîmes route vers l'Occident et, vers le commencement de juillet, l'eau nous manquant entièrement, nous abordâmes une partie inhabitée d'une grande île voisine de la Nouvelle-Guinée (1)......

---

(1) La Nouvelle-Guinée ou Papouasie est un groupe d'îles dont deux, à peine explorées aujourd'hui, sont très importantes.

Le Carnet Historique et Littéraire

Directeur : Comte FLEURY

Paraissant le 15 de chaque mois

ABONNEMENTS

Paris et Départements : **22** Francs. — Étranger : **25** Francs.

Le Numéro : **2** Francs.

Les Abonnements partent de Janvier et Juillet.

Envoyer les Mandats à Paris, 59, avenue de Breteuil.

ON PEUT S'ABONNER

Chez tous les Libraires de Paris, de la Province et de l'Étranger.

DÉPOT PERMANENT

A PARIS, chez :

Emile PAUL,
100, Faubourg-St-Honoré.

Achille HEYMANN,
1, rue Laffitte.

S. LEMAITRE,
72, boulevard Haussmann.

FLOURY,
1, boulev. des Capucines.

CONARD,
17, boul. de la Madeleine.

E. MARTIN,
3, Faubourg-Saint-Honoré.

Librairie de **ST-JORRE**,
99, rue de Richelieu.

Henri VIVIEN,
51, rue Blanche.

E. CHANTEUX,
65, rue de Richelieu.

LE SOUDIER,
174, boulev. St-Germain.

Maison **FLAMMARION**
et Succursales.

Victor LEMASLE,
3, quai Malaquais.

H. CHAMPION,
9, quai Voltaire.

PICARD,
82, rue Bonaparte.

WELTER,
1, rue Bernard-Palissy.

A BRUXELLES, chez : **SPINEUX et Cie**, rue Montagne-de-la-Cour.
LEBÈGUE et Cie, 46, rue de la Madeleine.

A VERSAILLES, chez : **L. BERNARD**, 9, rue Satory.
MARIENNE, 53 *bis*, rue de l'Orangerie.

DERNIÈRES PUBLICATIONS (tirés à part)

du *Carnet historique et littéraire.*

chez Emile PAUL, 100, Faubourg-Saint-Honoré :